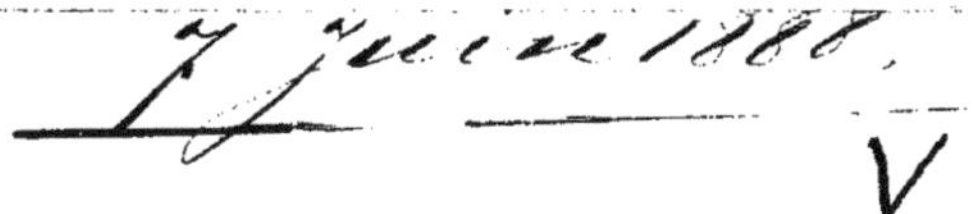

V

VENTE DU JEUDI 7 JUIN 1888

HOTEL DROUOT, SALLE N° 1

COLLECTION DE FEU M. ED. DOWA, DE CAMBRAI

TABLEAUX

ANCIENS ET MODERNES

CADRES EN BOIS SCULPTÉ

TABLEAUX

ANCIENS ET MODERNES

AQUARELLES, DESSINS ET GRAVURES

SUJETS DE CHASSE ET DE COURSES

Dépendant de la Collection de M. X.

EXPOSITION PUBLIQUE

LE MERCREDI 6 JUIN 1888

De une heure à cinq heures.

COMMISSAIRE-PRISEUR	EXPERT
Me PAUL CHEVALLIER	**M. E. FÉRAL, peintre**
10, rue de la Grange-Batelière, 10	54, faubourg Montmartre, 54.

IMPRIMERIE D. DUMOULIN ET Cie
Rue des Grands-Augustins, 5, à Paris.

TABLEAUX

ANCIENS ET MODERNES

AQUARELLES, DESSINS ET GRAVURES

IMPRIMERIE D. DUMOULIN ET Cie
Rue des Grands-Augustins, 5, à Paris.

CATALOGUE

DE

TABLEAUX

ANCIENS ET MODERNES

CADRES EN BOIS SCULPTÉ

Le tout formant la Collection de M. Ed. DOWA, de Cambrai

TABLEAUX

ANCIENS ET MODERNES

AQUARELLES, DESSINS ET GRAVURES

SUJETS DE CHASSE ET DE COURSES

Dépendant de la Collection de M. X.

DONT LA VENTE AURA LIEU

HOTEL DROUOT, SALLE N° 1

Le Jeudi 7 Juin 1888, à 2 heures.

COMMISSAIRE-PRISEUR	EXPERT
Me Paul CHEVALLIER	M. E. FÉRAL, peintre,
10, rue de la Grange-Batelière, 10	54, faubourg Montmartre, 54

Chez lesquels se trouve le présent Catalogue.

Exposition publique : Le Mercredi 6 Juin 1888.

De une heure à cinq heures.

CONDITIONS DE LA VENTE.

La vente sera faite au comptant.

Les acquéreurs payeront *cinq pour cent* en sus des enchères applicables aux frais

DÉSIGNATION

TABLEAUX ANCIENS

ET MODERNES

Collection de feu M. Ed. DOWA, de Cambrai.

BARENT GAAL

1 — *Cavaliers faisant halte sur la place d'un village.*

BASSAN (Jacques)

2 — *Le Christ au jardin des oliviers.*

BLOEMEN dit ORRIZONTE

3 — *Paysage avec bergers et animaux effrayés par la foudre.*

Cadre en bois sculpté.

BOL (d'après Ferdinand)

4 — *Portrait d'homme, en buste.*

BOUCHER (d'après F.)

(DEUX PENDANTS)

5 — *Les amours pêcheurs.*
Les amours forgerons.

Dessus de portes. Grisailles.

BOURDON (d'après Sébastien)

6 — *La Vierge et l'Enfant Jésus.*

Cadre en bois sculpté.

BONINGTON (d'après)

7 — *Plage à marée basse.*

BONINGTON (d'après)

8 — *Paysage.*

Bords de rivière.

BRAUWER (attribué à Ad.)

9 — *Le Barbier de village.*

BREKELENKAMP (Q. Van)

— *Le peseur d'or.*

Il est debout devant une table sur laquelle se trouvent une mappemonde, un livre ouvert, des balances, etc. — Effet de lumière.

CARRACHE (Louis)

11 — *Le Christ descendu de la croix.*

COYPEL (genre de)

12 — *Le départ d'Hippolyte.*

DIETRICH

13 — *Paysage.*

Constructions en ruines, bergers et animaux.

DOES (Van der)

14 — *Moutons et chèvres.*

Au repos dans un paysage.
Effet de soleil couchant.

DUSART (Corneille)

15 — *Halte de chasseurs.*

Devant un cabaret.

DYCK (genre d'Ant. Van)

16 — *Le Christ descendu de la croix.*

Esquisse.

FORT (SIMON)

17 — *Vue prise dans la plaine de Bourrant (Seine-et-Marne).*

GOYEN (JAN VAN)

18 — *Paysage.*

Coupé par une rivière.

GRAILLY

19 — *Le Chemin tournant.*

D'après Ruysdaël.

HUYSMANS DE MALINES

20 — *Paysage avec terrains éboulés et personnages au premier plan.*

HUYSMANS DE MALINES

21 — *Paysage avec cavaliers au pied de terrains éboulés.*

*

JORDAENS (Jacques)

22 — *La présentation de Jésus au Temple.*

Bonne peinture du maître.

JORDAENS (d'après J.)

23 — *Le Joueur de flûte.*

KAREL DU JARDIN (genre de)

24 — *Le pêcheur à la ligne.*

LE CALABRÈSE (Mathias)

25 — *Le Martyre de Saint-Laurent.*

LEFÈVRE (attribué à Claude)

26 — *Jeune femme tenant un portrait.*

LEPAULLE (G.)

27 — *Portrait de femme.*

MEULEN (genre de **Van Der**)

28 — *Choc de cavalerie.*

MIEREVELT (Michel)

29 — *Portrait d'homme.*

En buste, barbe blanche, collerette finement plissée, vêtement en soie noire garni de fourrure.

MOLENAER

30 — *Intérieur de cabaret.*

Des hommes et des femmes sont groupés autour d'une table, les uns tenant leur verre, les autres causant ou chantant.

Cadre en bois sculpté.

MONNOYER (Baptiste)

31 — *Fleurs dans un vase de cristal.*

MONNOYER (B.)

32 — *Fleurs dans un carafon de cristal.*

NEER (genre de Van Der)

33 — *Paysage.*

Effet de clair de lune.

NETSCHER (d'après C.)

34 — *Vertumne et Pomone.*

Cadre en bois sculpté.

POUSSIN (attribué à N.)

35 — *L'ivresse de Bacchus.*

Cadre en bois sculpté.

RYCKAERT (DAVID)

36 — *La Consultation.*

Bon tableau du peintre.
Sur bois et bien conservé.

SCHALKEN (genre de G.)

37 — *Jeune femme tenant une bougie.*

TENIERS (attribué à D.)

38 — *Les Joueurs de boules.*

TENIERS (d'après D.)

39 — *Paysage.*

A gauche, une ménagère nettoie des ustensiles de cuisine.

TERBURG (école de G.)

40 — *Portrait de femme.*

Les épaules couvertes d'une large collerette bordée de guipure.

UDEN (VAN)

41 — *Paysage avec figures.*

Cadre en bois sculpté.

VERBRUGGEN

42 — *Fleurs dans un vase d'argent.*

VIGÉE (attribué à LOUIS)

43 — *Portrait de jeune dame.*

Vêtue d'une robe en velours bleu.
Signé et daté.

VOUET (SIMON)

44 — *La vierge soutenant le Christ mort.*

Cadre en bois sculpté.

WYNANTS (J.)

45 — *Paysage avec chasseurs.*

Esquisse.

WYNANTS (attribué à J.)

46 — *Paysage avec cours d'eau.*

Chemin sinueux et personnages.

ÉCOLE FLAMANDE

47 — *Le Christ couronné d'épines.*

Peinture sur cuivre.

ÉCOLE FRANÇAISE

48 — *L'Annonciation.*

Peinture en grisaille imitant un bas-relief.

ÉCOLE FRANÇAISE

49 — *La Visitation.*

Peinture en grisaille imitant un bas-relief.

ÉCOLE FRANÇAISE

50 — *La Vierge, tenant l'Enfant Jésus, remet un chapelet à un Saint personnage.*

Grisaille imitant un bas-relief.

ÉCOLE FRANÇAISE

51 — *Le Christ en croix entouré d'anges.*

Peinture en grisaille imitant un bas-relief.

ÉCOLE FRANÇAISE

52 — *La descente de croix.*

Peinture en grisaille imitant un bas-relief.

ÉCOLE FRANÇAISE

53 — *Le Christ en croix et Sainte-Madeleine.*

ÉCOLE HOLLANDAISE

54 — *Gentilhomme assis et appuyé sur le dossier d'une chaise.*

ÉCOLE HOLLANDAISE

55 — *Portrait d'un officier.*

ÉCOLE HOLLANDAISE

56 – *Paysage.*

Des cavaliers arrêtés devant une auberge.

INCONNUS

57 — *Diane découvrant la grossesse de Calisto.*

58 — *La visite à la ferme.*

Cadre en bois sculpté.

59 — *La Vierge, l'Enfant Jésus et une Sainte.*

ÉCOLE MODERNE

60 — *Paysage.*

ÉCOLE MODERNE

61 — *Béliers et moutons au paturage.*

**

ÉCOLE MODERNE

62 — *Paysanne montée sur un âne.*

Cadre en bois sculpté.

ÉCOLE MODERNE

63 — *Paysage hollandais.*

ÉCOLE MODERNE

64 — *Portrait d'homme, d'après* Rubens.

ECOLE MODERNE

65 — *Frère et Sœur.*

Pastel de forme ovale.

ECOLE MODERNE

66 — *Femme italienne.*

Pastel.

TABLEAUX ANCIENS
ET MODERNES
AQUARELLES ET DESSINS
GRAVURES, SUJETS DE CHASSE ET DE COURSES

Dépendandant de la Collection de M. X.

ARTOIS (Van)

67 — *Chemin sinueux, près d'une ferme.*

BAUDOUIN (d'après)

68 — *La Toilette.*

BEAULIEU (Anatole de)

69 — *La Couleuvre.*

Tableau qui a figuré au Salon de 1875.

BELLANGÉ (attribué à H.)

70 — *Bonaparte en Égypte.*

BERGHEM (d'après N.)

71 — *Animaux et Bergers en voyage.*

Soleil couchant.

BONNAUD (F.)

72 — *Objets orientaux sur une table couverte d'un tapis.*

CANIVET (Léon)

73 — *Port de mer*

CANIVET (L.)

74 — *Un cours d'eau.*

CHARDIN (d'après)

75 — *La Corbeille de raisins.*

COYPEL (genre de)

(DEUX PENDANTS)

76 — *Triomphe de Neptune et d'Amphitrite.*
Vénus commandant des armes à Vulcain.

DELAMBRE

77 — *Les Fossés du château de Vaz, en Valois.*

DEVERIA (EUG.)

78 — *Le sommeil de Jésus.*

DURAND-BRAGER

79 — *Pêcherie dans le Bosphore.*

DIETRICH

80 — *Bords de rivière.*

FOURNIER (G.)

81 — *Luc-sur-Mer.*

FRANCK

82 — *Le Calvaire.*

GHILL (VAN)

(DEUX PENDANTS)

83 — *Paysages avec figures.*

Effet de neige.

GREUZE (d'après)

84 — *Tête de petite paysanne.*

HAQUETTE

85 — *Cour de ferme.*

HUBERT-ROBERT

86 — *Torrent coulant entre des rochers.*

Toile ovale.

NEUVILLE (ALPH. DE)

87 — *Armée en marche, par un temps de pluie.*

Ébauche.

NEUVILLE (ALPH. DE)

88 — *Après la bataille.*

Ébauche.

NEUVILLE (ALPH. DE)

89 — *Hussard à cheval.*

Ébauche.

NEUVILLE (ALPH. DE

90 — *Attaque d'un village.*

Ébauche.

OOST (VAN)

91 — *Vue de Hollande.*

PANINI (genre de)

(DEUX PENDANTS)

92 — *Monuments en ruines avec personnages.*

PICOT

93 — *Nymphe dans un paysage.*

PILS

94 — *Sujet mythologique.*
Panneau décoratif pour le foyer de l'Opéra.

RIBALLIER (H.)

95 — *Port de mer.*

ROTTENHAMER

96 — *Le Christ à la colonne.*

ROTTENHAMER

97 — *Saint Jean.*
Cuivre.

SANTERRE (d'après)

98 — *La jeune cantatrice.*

SARAZIN

(DEUX PENDANTS)

99 — *Pont en ruine.*

Tour en ruine.

SARAZIN

(DEUX PENDANTS)

100 — *Pyramides au bord d'une rivière.*

SCHUTZ DE FRANCFORT

(DEUX PENDANTS)

101 — *Vues des bords du Rhin.*

SLONE (W.)

102 — *Paysage.*

Effet de neige.

TÉNIERS (d'après D.)

103 — *Villageois devant un cabaret.*

TRAVIÈS (Attribué à)

(DEUX PENDANTS)

104 — *Le chiffonnier et le marchand d'habits.*

VAZERINE

105 — *Laveuses au bord d'un cours d'eau.*

VOUET (Simon)

106 — *Apothéose de Louis XIII.*

WEENIX (genre de J.-B.)

107 — *Chats-tigres dévorant une poule-dinde.*

ÉCOLE ALLEMANDE

108 — *Tête de vieillard.*

ÉCOLE ESPAGNOLE

109 — *Natures mortes.*

ÉCOLE FRANÇAISE

110 — *Les trois grâces.*

ÉCOLE FRANÇAISE

111 — *Amour offrant une couronne à une princesse.*

ÉCOLE FRANÇAISE
(DEUX PENDANTS)

112 — *Renaud et Armide.*

Adonis partant pour la chasse.

ÉCOLE FRANÇAISE

113 — *Nymphe tenant des couronnes.*

ÉCOLE FRANÇAISE

114 — *Nymphe endormie.*

ÉCOLE FRANÇAISE

115 — *Tête de jeune fille.*

ÉCOLE FRANÇAISE

116 — *Jeune femme tenant une partition.*

ÉCOLE FRANÇAISE

117 — *Portrait d'homme tenant un livre.*

ÉCOLE FRANÇAISE

118 — *L'arbre brisé.*

ÉCOLE FRANÇAISE

119 — *La Vierge et l'Enfant Jésus.*

Toile ovale dans un cadre en bois sculpté.

ÉCOLE FRANÇAISE

120 — *Religieuse tenant un Christ.*

ÉCOLE HOLLANDAISE

121 — *Paysage avec figures.*

ÉCOLE HOLLANDAISE

122 — *Le joueur de vielle.*

ÉCOLE ITALIENNE

123 — *Vénus et l'Amour.*

Cadre en bois sculpté.

INCONNU

DEUX TABLEAUX

124 — *Paysage et jeune femme en costume Louis XVI.*

INCONNU

125 — *Maison italienne.*

INCONNU

126 — *Ruines, près d'un cours d'eau.*

MONOGRAMME *E. C.*

127 — *Chien au repos.*

ÉCOLE MODERNE

128 — *Nymphe et Amour.*

Genre de Diaz.

ÉCOLE MODERNE

129 — *Lac et montagnes.*

ÉCOLE MODERNE

130 — *Le rendez-vous dans le parc.*

Peinture de forme ovale.

ÉCOLE MODERNE

131 — *Femme assise dans un bois.*

ÉCOLE MODERNE

132 — *Femme lisant.*

ÉCOLE MODERNE

133 — *Paysage avec cours d'eau.*

ÉCOLE MODERNE

134 — *Femme lavant du linge.*

ÉCOLE MODERNE

(DEUX PENDANTS)

135 — *Villages au bord de la mer.*

ÉCOLE MODERNE

136 — *Vache au pâturage.*

ÉCOLE MODERNE

137 — *Vache au pâturage.*

ÉCOLE MODERNE

138 — *Vue prise en Orient.*

ÉCOLE MODERNE

139 — *Étude de paysage.*

AQUARELLES, DESSINS

GRAVURES

BONINGTON (genre de)

140 — *Plage à marée basse.*
Aquarelle.

BUREL

141 — *La prise du voile.*
Dessin au crayon noir.

DELAMBRE

142 — *Moutons au pâturage.*

Gouache.

DELAMBRE

143 — *Pâturage normand.*

Gouache.

DELAMBRE

144 — *Des loirs sur une branche de pêcher.*

Aquarelle.

LHUER

145 — *Côteaux boisés, en Normandie.*

Aquarelle.

LHUER

146 — *Plages et paysages.*

Six aquarelles dans le même cadre.

LHUER

147 — *Vue prise à Hennequeville (Calvados).*
Aquarelle.

LHUER

148 — *Ferme, dans le Calvados.*
Aquarelle.

NICOLLE

149 — *Sarcophage antique.*
Aquarelle.

NOEL
DEUX PENDANTS

150 — *Marines avec rochers.*
Gouaches.

VERNET (attribué à KARL)

151 — *Portrait d'un officier supérieur.*
Dessin.

ECOLE FLAMANDE

(DEUX PENDANTS)

152 — *Vues de Hollande.*

Dessins à l'encre de Chine.

ECOLE FRANÇAISE

(DEUX PENDANTS)

153 — *Paysages avec figures et animaux.*

Aquarelles.

INCONNU

154 — *L'Autel de l'Amour.*

Gouache.

155 — *Tête d'enfant.*

Dessin sur papier bleu.

156 — *Quatorze gravures ou lithographies, sujets de courses ou de chasses.*

Ce numéro sera divisé.

www.ingramcontent.com/pod-product-compliance
Ingram Content Group UK Ltd.
Pitfield, Milton Keynes, MK11 3LW, UK
UKHW021528260726
13993UKWH00004B/1876